# BEI GRIN MACHT SICH IHR WISSEN BEZAHLT

**Bibliografische Information der Deutschen Nationalbibliothek:**

Die Deutsche Bibliothek verzeichnet diese Publikation in der Deutschen National-bibliografie; detaillierte bibliografische Daten sind im Internet über http://dnb.d-nb.de/ abrufbar.

Dieses Werk sowie alle darin enthaltenen einzelnen Beiträge und Abbildungen sind urheberrechtlich geschützt. Jede Verwertung, die nicht ausdrücklich vom Urheberrechtsschutz zugelassen ist, bedarf der vorherigen Zustimmung des Verlages. Das gilt insbesondere für Vervielfältigungen, Bearbeitungen, Übersetzungen, Mikroverfilmungen, Auswertungen durch Datenbanken und für die Einspeicherung und Verarbeitung in elektronische Systeme. Alle Rechte, auch die des auszugsweisen Nachdrucks, der fotomechanischen Wiedergabe (einschließlich Mikrokopie) sowie der Auswertung durch Datenbanken oder ähnliche Einrichtungen, vorbehalten.

**Impressum:**

Copyright © 2015 GRIN Verlag, Open Publishing GmbH
Druck und Bindung: Books on Demand GmbH, Norderstedt Germany
ISBN: 978-3-668-15355-4

**Dieses Buch bei GRIN:**

http://www.grin.com/de/e-book/315643/frauenemanzipation-im-geteilten-deutschland-die-situation-der-frau-in

**Tra-Mi Nguyen**

# Frauenemanzipation im geteilten Deutschland? Die Situation der Frau in der DDR und der BRD

GRIN Verlag

**GRIN - Your knowledge has value**

Der GRIN Verlag publiziert seit 1998 wissenschaftliche Arbeiten von Studenten, Hochschullehrern und anderen Akademikern als eBook und gedrucktes Buch. Die Verlagswebsite www.grin.com ist die ideale Plattform zur Veröffentlichung von Hausarbeiten, Abschlussarbeiten, wissenschaftlichen Aufsätzen, Dissertationen und Fachbüchern.

**Besuchen Sie uns im Internet:**

http://www.grin.com/

http://www.facebook.com/grincom

http://www.twitter.com/grin_com

# Inhaltsverzeichnis

# 1 Bedeutung der Entwicklung Deutschlands für die Frauen in den 1950er-Jahren

Heutzutage erscheint es uns Frauen selbstverständlich die Möglichkeit zu ergreifen, unsere Bildung zu erweitern, in einer Universität zu studieren und die Karriereleiter hoch zu arbeiten, ohne dass jemand es uns verbietet. Zusätzlich ist es für uns etwas Alltägliches, Aktivitäten zu verrichten die uns Freude bereiten. Für Frauen der 1950er-Jahre war das im geteilten Deutschland durch die Besatzungszonen unmöglich.

Sowohl in der Deutschen Demokratischen Republik als auch in der Bundesrepublik Deutschland war die Frage, ob eine verheiratete Frau außerhalb von Haushalt und Familie erwerbstätig sein durfte, ein diskutiertes Thema gewesen.

Die Entwicklungen der Rolle der Frau des geteilten Deutschlands in den 1950er-Jahren, ist wahrscheinlich einer der bedeutendsten Wendungen für die Frauen der Zeit.

In der folgenden Arbeit wird nun die Situation der Frauen in der Deutschen Demokratischen Republik (kurz: DDR) und in der Bundesrepublik Deutschland (kurz: BRD) beleuchtet. Es wird die Fragestellung erörtert, ob die zwei deutschen Staaten, trotz gleicher Wurzeln, sich unterschiedlich entwickelt haben und den Ursachen auf den Grund gegangen.

Außerdem wird untersucht, ob Frauen in dieser Zeit tatsächlich aus der Arbeitswelt verdrängt worden sind.

## 2 Rahmenbedingungen für den unterschiedlichen gesellschaftlichen Status der Frau

### 2.1 Ideologische Grundlagen der DDR

Nach der Kapitulation des nationalsozialistischen Deutschen Reiches 1945 war es das Ziel der Sowjetunion, in einem zielstrebigen Prozess der politischen Neugestaltung eine sozial-kommunistische Ordnung zu errichten.[1] Dabei sollte sich diese Neuorientierung so nah wie möglich an der Sowjetunion orientieren und sich von den westlichen Werten abgrenzen.

Das Konzept nach der Gründung der DDR 1949 wurde als „Arbeiter- und Bauernstaat" von der Ideologie des Marxismus-Leninismus geprägt.[2] Das heißt, es sollte eine klassenlose Gesellschaft entstehen, in der jeder Mensch gleichberechtigt ist und Privateigentum abgeschafft werden sollte. Die Sozialistische Einheitspartei Deutschlands (kurz: SED) sah sich als Avantgarde(=Vorkämpfer) an, deren Aufgabe es war, für den Kommunismus die Führung und Erziehung der Arbeiterklasse zum Klassenkampf zu übernehmen.[3] Denn die Basis für eine kommunistische Gesellschaft war, den Nationalismus auszulöschen.[4]

Die DDR war ein zentralistischer Staat nach der Verfassung von 1945 und alle Gewalt war dem Parlament vorbehalten. Der Aufbau des Sozialismus in der DDR war identisch mit einer stalinistischen Ideologie, folgend wurde die DDR also nach den Prinzipien des Stalinismus regiert.[5] Bürger mussten sich an den Sowjetischen Idealvorstellungen ausrichten, jedoch gab es keine Gewaltenteilung, noch wurde der Mensch vor staatlicher Willkür geschützt. Die SED bestimmte über das Parlament und hatte dadurch die alleinige Macht über den Staat, zusätzlich wurde jede Opposition ausgeschaltet.[6]

---

[1] Behr, Wolfgang: Bundesrepublik Deutschland – Deutsche Demokratische Republik. Systemvergleich Politik - Wirtschaft - Gesellschaft. Stuttgart 1979, S.25.
[2] Behr 1979, S.29.
[3] Bäuml-Stosiek, Dagmar/ Berg, Rudolf / Eilert, Klaus / Prof. Dr. Frevert, Ute / Dr. Hinrich, Ernst / Dr. Jäger, Wolfgang / Rauh, Robert / Weiß,Ulrike / Winberger,Ursula: Forum Geschichte 11- Bayern. Berlin 2009, S.282
[4] ebd., S.282.
[5] Behr 1979, S.69.
[6] Bäuml-Stosiek/ Berg / Eilert / Prof. Dr. Frevert / Dr. Hinrich / Dr. Jäger / Rauh / Weiß / Winberger 2009, S.282 f.

Die Grundlage des sozialistischen Eigentums an Produktionsmitteln basierte auf Planung der Volkswirtschaft, indem Preise und Löhne zentral vom Staat festgelegt wurden.[7] In so einem System war die Arbeitslosigkeit relativ gering. Die sozialistische Gesellschaft wurde durch die politische Macht der Arbeiterklasse vollendet.[8]

## 2.2 Ideologische Grundlagen der BRD

Im Gegensatz zu der DDR entwickelte sich die Bundesrepublik Deutschland nach ihrer Gründung 1949 zu einer ökonomisch stabilen und politisch freiheitlichen Demokratie.[9] Das Grundgesetz der BRD wurde am 23. Mai 1949 verkündigt und sollte den Übergang in eine bessere und demokratische Zukunft versichern.[10] Auf der einen Seite sollte dieses Grundgesetz Sicherung enthalten, zum Beispiel Möglichkeiten, die Demokratie erneut zu zerstören, ausschließen. Auf der anderen Seite sollte es zum Schutz gegen die damalige kommunistische Bedrohung dienen.[11] Zusätzlich lassen sich viele wichtige Aspekte in der Verfassung der BRD über die Verhaltenserwartung gegenüber dem Volk und bestimmte Wertvorstellungen finden. Beispielsweise garantierte das Grundgesetz den Staatsbürgern Menschenrechte wie die Unantastbarkeit der Menschenwürde, freie Entfaltung der Persönlichkeit, Recht auf Leben, körperliche Unversehrtheit, Gleichheit vor dem Gesetz, parlamentarisch-demokratische Formen der politischen Mitsprache und Gleichberechtigung von Mann und Frau.[12]

Zu der parlamentarischen Demokratie in der BRD gehören unter anderem die Gewaltenteilung, das Mehrparteiensystem, die Unabhängigkeit der Gerichte und das Recht auf Opposition.[13] Nach Bundeskanzler Adenauer fehlte es der DRR an demokratischer Legitimation durch freie und geheime Wahlen.[14] Als idealtypisches Merkmal des Gesellschaftssystems der BRD lässt sich der Plu-

---

[7] Behr 1979, S.30.
[8] ebd., S.30.
[9] Bäuml-Stosiek/ Berg / Eilert / Prof. Dr. Frevert / Dr. Hinrich / Dr. Jäger / Rauh / Weiß / Winberger 2009, S.231.
[10] ebd., S. 242.
[11] ebd., S. 242.
[12] Behr 1979, S.34.
[13] ebd., S. 30.
[14] Bäuml-Stosiek/ Berg / Eilert / Prof. Dr. Frevert / Dr. Hinrich / Dr. Jäger / Rauh / Weiß / Winberger 2009, S. 292.

ralismus bestimmen, dessen Anspruch es ist, die einseitige Herrschaftsausübung unmöglich zu machen.[15] Die Liberalisierung der Wirtschaftsverfassung auf Basis der Sozialen Marktwirtschaft und die freiheitlich-demokratischen Werte und Normen der USA waren die Schlüssel, die die Gesellschaft zum Wohlstand gebracht haben.[16] Anders als in der DDR, in der die Preise festgelegt waren, orientierte man sich bei der Produktion in der sozialen Marktwirtschaft an der Nachfrage. Unter der sozialen Marktwirtschaft versteht man eine Wirtschaftsordnung, in der allein die freie Preisbildung durch den Markt die beste Befriedigung der individuellen Bedürfnisse der Verbraucher versichert und durch gesetzliche Rahmenordnung unterworfen ist, um beispielsweise die Bildung von Kartellen, die die Preise ihrer Produkte untereinander absprechen, zu verhindern.[17]

## 3 Rolle der Frau in der DDR

### 3.1 Erwerbstätigkeit der Frau

„Die Verwirklichung der Gleichberechtigung der Frau gehörte nicht nur zu einem der erklärten Ziele des Sozialismus, sondern galt quasi als eines der „Markenzeichen" der DDR."[18]

So hat die sowjetische Militärregierung diese Richtung eingeschlagen, als sie 1946 mit dem Befehl 253 gleichen Lohn für gleiche Arbeit beschloss und diesen 1949 in ihre Verfassung aufnahm. [19] Die Gleichberechtigung von Mann und Frau verwurzelte sich in allen Lebensbereichen und selbst die übergeordnete Position vom Mann in der Ehe wurde somit aufgehoben. Jedoch gab es gewisse Grenzen in der Verfassung 1949, denn laut Michael Schwartz „ging es der DDR-Frauenpolitik weniger um eine Emanzipation zur Individualität als um eine Emanzipation zur sozialen Nützlichkeit."[20] Aus dem

---

[15] Behr 1979, S. 149.
[16] Bäuml-Stosiek/ Berg / Eilert / Prof. Dr. Frevert / Dr. Hinrich / Dr. Jäger / Rauh / Weiß / Winberger 2009, S.274.
[17] Bäuml-Stosiek/ Berg / Eilert / Prof. Dr. Frevert / Dr. Hinrich / Dr. Jäger / Rauh / Weiß / Winberger 2009, S.262.
[18] Treber, Leonie: Mythos Trümmerfrauen. Von der Trümmerbeseitigung in der Kriegs- und Nachkriegszeit und der Entstehung eines deutschen Erinnerungsortes. Essen 2014, S.281.
[19] ebd., S.281.
[20] ebd., S.282.

antifaschistischen Frauenausschuss wurde 1947 der Demokratische Frauen-bund Deutschlands (kurz: DFD) gegründet. Damit wurde die Gleichberechti-gung der Frau ins Rollen gebracht. Da die Regierung grundsätzlich für die Gleichberechtigung war, wurde dieses Ziel der DFD überflüssig, folgend wurde der Frauenbund ein wichtiges Funktionsorgan der SED. Nichtsdestot-rotz hatte der DFD wenig Einfluss auf der politischen Ebene.[21]

Der Männermangel in der Sowjetischen Besatzungszone (kurz: SBZ) war er-heblich, trotzdem musste die Wirtschaft wieder angekurbelt werden, deshalb war der Frauenbedarf in der Arbeit dementsprechend groß. Nicht selten hat-ten die Frauen keine andere Wahl als einem Beruf nachzugehen, aufgrund von diversen Einschnitten in die Sozialleistungen.[22]

Im Sozialismus fokussierte man sich ohnehin auf die Gleichberechtigung. An den starken Fokus auf die Gleichberechtigung „[...] anknüpfend vertraten die Vertreterinnen und Vertreter der Arbeiterbewegung und der proletarischen Frauenbewegung des 19. Jahrhunderts [...] die Auffassung, dass das Recht der Frau [auf] außerhäusliche Erwerbsarbeit eine wesentliche Voraussetzung für die Emanzipation der Frau darstellte."[23]

Die DDR bot weibliche Selbstverwirklichung an, welche die Frauen zur Er-werbstätigkeit antrieb. Dadurch war die frühe Frauenpolitik recht emanzipa-tionsideologisch motiviert und diese Arbeitspolitik galt parallel ebenso als Re-aktion auf die damalige wirtschaftliche und gesellschaftliche Notsituation.[24] Frauen wurden dabei weniger als gleichberechtigte Arbeitskräfte angesehen, sondern vielmehr als „Manövriermasse" zur kurzfristigen Abdeckung des Be-darfs an Arbeitskräften.[25]

Das Leitbild der „erwerbstätigen Mutter" wurde mit dem verabschiedeten Ge-setz über Mutter- und Kinderschutz und die Rechte der Frau festgeschrieben und wurde folgend zur Grundlage der DDR-Frauenpolitik.[26]

---

[21] Treber 2014,S.283.
[22] ebd., S.284.
[23] ebd., S.284.
[24] ebd., S.285.
[25] ebd., S.285.
[26] ebd., S.285.

Jedoch wurde die Vereinbarkeit von Haushaltsführung, Berufstätigkeit und Kindererziehung vernachlässigt. Die Konsequenz daraus war, dass das Verständnis von Familie im sozialistischen Staat mit dem 1965 in Kraft tretenden Familiengesetzbuch neu definiert und zusätzlich dem Leitbild der „erwerbstätigen Mutter" noch einmal Nachdruck verliehen wurde.[27] In diesem Leitbildentwurf war die Frau also weitgehend erwerbstätig. Dies bedeutete für die Frau auf der einen Seite nicht nur Selbstbestätigung und Lebenssinn, sondern, auf der anderen Seite auch finanzielle Unabhängigkeit vom Mann und die Chance eine eigene Lebensform frei zu wählen.[28]

Zusammenfassend kann man ausdrücken, dass die Rolle der Frau als Hausfrau und Mutter um die der Erwerbstätigen ergänzt wurde, die Rolle des Mannes aber keine Umdeutung erfuhr, indem etwa seine Rolle als Vater oder Hausmann als Beitrag zur Gleichberechtigung herausgearbeitet wurde.[29]

Sowohl dem Mann als auch der Frau wurden Haupt- und Nebenfunktionen zugewiesen, doch der Fokus beim Mann lag mehr im Beruf. Dadurch, dass die Frau sich auf mehrere Arbeitsbereiche, sowohl auf Arbeit, als auch Haushaltsführung, Kindererziehung und sogar sich auf die Beziehungsgestaltung konzentrierte, war sie unter Umständen doppelt bzw. dreifach belastet.[30]

Demnach war die Aussage „Gleicher Lohn für gleiche Arbeit" nicht vollständig erfüllt.[31] Während sich den Männern theoretisch ein breites Spektrum an verschiedenen Berufsmöglichkeiten bot mussten Frauen teilweise als Reproduktionsarbeiterinnen arbeiten oder gingen meistens stereotypischen Frauenberufen nach.

Es wird erkenntlich, dass die Frauenpolitik in der DDR deutlich von Zwiespalt geprägt war, denn Problematiken entstanden zwischen der Vereinigung der vollständigen Integration der Frau in das Arbeitsleben und parallel der Aufrechterhaltung der männlichen Vormachtstellung.[32]

---

[27] Treber 2015, S.287 f.
[28] Gysi, Jutta / Meyer, Dagmar: Leitbild; berufstätige Mutter – DDR-Frauen in Familie, Partnerschaft und Ehe, In: Helwig, Gisela; Nickel, Hildegard Maria (Hrsg.): Frauen in Deutschland 1945-1992. Berlin 1992, S.140.
[29] Treber 2014, S.288.
[30] Gysi/ Meyer 1992, S.140.
[31] Treber 2014, S.289.
[32] ebd.,S.290.

## 3.2 Familienpolitik, Partnerschaft und Ehe

In der Familienpolitik der DDR nahmen die Frauen einen wichtigen Platz ein, das heißt, dass es besser gesagt um eine Mütterpolitik ging.[33] Die SED hatte den Fokus auf die DDR-Mütter gelegt, bei der sie eine entscheidende Rolle bei der Umsetzung sozialpolitischer Ziele einnahmen.[34] Die individuelle Entscheidungsdominanz der Frauen aus der DDR erkennt man vor allem an der steigenden Anzahl der außerehelichen Kinder und der Anzahl unverheirateter Frauen.[35] Durch ihre ökonomische Unabhängigkeit und ihr Gleichberechtigungsstreben entschieden vor allem die Frauen über Bestand oder Auflösung der Familien.[36]

Trotzdem wurde den Hausfrauen in der DDR wenig Aufmerksamkeit geschenkt. Dies wird ersichtlich an der Knappheit der Bilder von Frauen bei ihren Haushaltspflichten in den Medien. Ebenfalls konnte man keine Entlastung bei der Hausarbeit durch die Ehemänner erwarten, da diese vor allem als Arbeitskraft galten. [37] Diese Doppelbelastung von Familie und Arbeit der Frauen führte zu einer geringeren Geburtenquote.[38]

Seit den sechziger Jahren verfolgte die SED ebenfalls das Ziel, den sowjetischen Frauen neben ihrer Familie auch zur Teilnahme am Arbeitsprozess zu verhelfen.[39] In der Familienpolitik der DDR ging es also um die Vereinbarkeit von Haushalt und Beruf, deshalb waren bereits in den fünfziger Jahren Kinderkrippen und –tagesstätten ansatzweise vorhanden gewesen.[40] Im Laufe der Jahre wurde dieses System der Kinderbetreuung dichter, folgend wurde es der Frau nun ermöglicht ihren Beruf auszuüben. Sie wurde zwar entlastet, aber die Verantwortung der Kinder wurde ihr nicht vollständig enthoben.[41]

---

[33] Gysi/ Meyer 1992, S.140.
[34] ebd., S.140.
[35] ebd., S.140.
[36] ebd., S.140.
[37] Budde, Gunilla-Friederike: „Tüchtige Traktoristinnen" und „schicke Stenotypistinnen". Frauenbilder in den deutschen Nachkriegsgesellschaften – Tendenzen der „Sowjetisierung" und der „Amerikanisierung"?. In: Jarausch, Konrad; Siegrist, Hannes (Hrsg.): Amerikanisierung und Sowjetisierung in Deutschland 1945-1970. Frankfurt/Main, New York 1997, S.258.
[38] Haus des Dokumentar- films Stuttgart: Frauen in der DDR.http://www.zeit-klicks.de/ddr/zeitklicks/zeit/alltag/leben-in-der-ddr/frauen-in-der-ddr/.28.10.2015.
[39] Budde 1997, S.259.
[40] ebd., S.259.
[41] Budde 1997, S.259.

In der Familienrechtsentwicklung sind zwei grundlegende Bestimmungen in der Verfassung der DDR von 1949 zu finden: Zum einen sind Männer und Frauen gleichberechtigt.[42] Zum anderen bilden Ehe und Familie die Grundlage des Gemeinschaftslebens und stehen unter dem Schutz des Staates. So sind Gesetze, die die Gleichberechtigung von Mann und Frau in der Familie beeinträchtigten, abgeschafft worden. [43]

## 4 Rolle der Frau in der BRD

### 4.1 Erwerbstätigkeit der Frau

Das Frauenleitbild der Bundesrepublik Deutschland entwickelte sich von Anfang an in eine entgegengesetzte Richtung zu dem der DDR.[44]

Die Frauenleitbilder der DDR und der BRD haben sich ausgehend von dem Frauenbild des Nationalsozialismus entwickelt. Haushalt, Erziehung und Mutterschaft haben das NS-Frauenleitbild geprägt.[45] Frauen sollten also den Fokus auf eine möglichst hohe Geburtenrate legen. Zusätzlich zogen sich die Frauen nach den Kriegswirren wieder zur Betreuung der Familie zurück, folglich sank die Erwerbsquote der Frauen.[46]

Dennoch hing die Antwort auf die Frage, ob eine verheiratete Frau erwerbstätig sein durfte, sehr stark von der Rolle der Frau in der Gesellschaft ab. Vor allem zu Beginn der 50er-Jahre trat wieder das Bild von Frau in Haushalt und Familie hervor. Doch andererseits bildete sich ebenfalls eine hohe Zahl der Frauenarbeitsplätze außerhalb des Haushalts heraus.[47]

„Den Ausgangspunkt aller gesetzlichen Schritte in puncto Frauenpolitik stellte schließlich die Festschreibung der Gleichberechtigung von Mann und Frau in

---

[42] Obertreis, Gesine: Familienpolitik in der DDR 1945-1980. Opladen 1986. S.113.
[43] ebd., S.113.
[44] Treber 2014, S.309.
[45] ebd., S.309.
[46] Cornelissen, Waltraud: Traditionelle Rollenmuster- Frauen-und Männerbilder in den westdeutschen Medien, In: Helwig, Gisela; Nickel, Hildegard Maria (Hrsg.): Frauen in Deutschland 1945-1992. Berlin 1992, S.53.
[47] Delille, Angela/Grohn, Andrea: Blick zurück aufs Glück. Frauenleben und Familienpolitik in den 50er Jahren. Berlin 1985, S.22.

der neuen Verfassung dar."[48] Der Parlamentarische Rat entschied 1949, Männer und Frauen seien gleichberechtigt.[49] Doch 1953 trat ein gesetzloser Zustand ein, welchen die Gerichte beheben mussten, weil die parlamentarische Behandlung des Gesetzesentwurfs, aufgrund der enormen Widerstände gegenüber einer Veränderung von Teilen des Familienrechts und eines geringen Engagements bei der Verfahrensbeschleunigung seitens der Regierung, verschoben wurde.[50]

Demzufolge führten die Richter aus, dass beide Ehegatten etwas zum Unterhalt beizutragen hätten: Der Mann war für außerhäusliche Erwerbstätigkeiten zuständig, während die Frau für die Haushaltsführung und das Erziehen der Kinder verantwortlich war. Damit haben sie also ebenfalls die unterschiedliche Rollenverteilung der Familie festgeschrieben.[51]

Mit vierjähriger Verspätung wurde das Gleichberechtigungsgesetz im Juni 1957 im Bundestag verabschiedet.[52] Dadurch waren auf einer Seite die Rechte der Ehefrauen gestärkt. Dem Mann wurde kein alleiniges Entscheidungsrecht in der Ehe zugestanden und das Kündigungsrecht des Ehemannes wurde aufgehoben.[53]

Jedoch blieben auf der anderen Seite die etlichen Vorrechte des Mannes unangetastet, das heißt beispielsweise bei einem Streitfall hätte der Vater das letzte Wort und somit auch die rechtliche Handhabe in Erziehungsfragen.[54]

Von Vornherein hat man die Vereinbarkeit von Erwerbstätigkeit und Familienarbeit angezweifelt.[55] Es wurde das Drei-Phasen-Familienmodell entwickelt. So sollten Frauen vor der Geburt des ersten Kindes und nach der Zeit der Erziehung erwerbstätig sein.[56] Die Wiederaufnahme des Berufs wurde zum

---

[48] Treber 2014, S.301.
[49] Delille/ Grohn 1985, S.138.
[50] Langer, Ingrid: In letzter Konsequenz... Uranbergwerk!. Die Gleichberechtigung in Grundgesetz und Bürgerlichem Gesetzbuch. In: Delille, Angela; Grohn, Andrea (Hrsg.): Perlonzeit. Wie die Frauen ihr Wirtschaftswunder erlebten. Berlin 1985, S. 75.
[51] ebd., S. 76.
[52] Treber 2014, S.315.
[53] ebd., S.315.
[54] ebd., S.315.
[55] Delille/ Grohn 1985, S.29.
[56] ebd., S.29.

Problem, denn viele verloren die Befugnis auf ihren Arbeitsplatz und mussten auch Nachteile in den Renten-und Sozialversicherungen hinnehmen. [57]

Der zweite Lösungsversuch Familie und Arbeit miteinander zu vereinbaren, war die Teilzeitarbeit, Teilzeitarbeitsstellen wurden überwiegend für ungelernte Arbeitskräfte angeboten.[58] Jedoch hatte dieser Versuch ähnliche Konsequenzen wie das „3-Phasen-Modell", da der Verlust des vollen Rentenanspruches sowie steuerliche Benachteiligung ein Problem darstellten. Familie und Arbeit bedeuteten zwar parallel eine Doppelbelastung, doch diese Teilzeitarbeit ermöglichte es Frauen ihre Rolle als Hausfrau und Mutter weiterhin zu erfüllen.[59] Deshalb gab es zunehmend Frauen, die sich an dieses Familienmodell hielten und für eine gewisse Zeit aus der Erwerbstätigkeit ausstiegen.[60]

Der überzeugte Vertreter der traditionellen Rollenverteilungen, Franz-Josef Wuermling wurde 1953 die Leitung des neugegründeten Familienministeriums.[61] Eine Absicht zur Steigerung der Geburtenrate bei familienpolitischen Maßnahmen war deutlich, denn durch die sinkenden Geburtenraten in der Bundesrepublik sah Adenauer die Rentenzahlung für die kommende Generation gefährdet, da die Überalterung der Bevölkerung immer mehr anwuchs.[62]

Der Bundesregierung ging es weniger um die Gleichberechtigung der Frau, sondern um die Wiederherstellung des traditionellen Familienbildes und sie wandte sich indirekt gegen die Frau.[63]

## 4.2 Familienpolitik, Partnerschaft und Ehe

Bis 1962 blieb Wuermling Familienminister und hatte die Intention, den Schutz und die Förderung der Familien zu gewährleisten.[64] Nach seiner Auffassung war die Familie im Mittelpunkt des „Ordnungsgefüges des Staates",

---

[57] Delille/ Grohn 1985, S.30.
[58] ebd., S.30
[59] ebd., S.30.
[60] Nickel, Hidegard Marie: „Mitgestaltinnen des Sozialismus"- Frauenarbeit in der DDR,, In: Helwig, Gisela; Nickel, Hildegard Maria (Hrsg.): Frauen in Deutschland 1945-1992. Berlin 1992, S.254.
[61] Delille/ Grohn 1985, S.130 f.
[62] ebd., S.131.
[63] Treber 2014, S.316.
[64] Langer, Ingrid: Familienpolitik – ein Kind der 50er Jahre. In: Delille, Angela; Grohn, Andrea (Hrsg.): Perlonzeit. Wie die Frauen ihr Wirtschaftswunder erlebten. Berlin 1985, S. 110.

so sollten sich Familie und die Rolle der Frau daran orientieren. Dem anschlie-ßend war die Familienpolitik vor allem eine Staatspolitik mit der Mehrkinder-familie als ideale Familienform.[65]

Da sich das Leitbild der Hausfrauenehe und die Frau als Mutter, Ehe- und Hausfrau zur Norm erhoben hatte und gesetzlich festgeschrieben wurde, wird deutlich, dass die BRD Frauenpolitik der 1950er-Jahre vor allem eine Famili-enpolitik war.[66]

Obwohl das Frauenbild überwiegend von der Familie ausging, waren erwerbs-tätige Frauen keine Seltenheit. Darum sah Wuermling keine Notwendigkeit für öffentliche Erziehungseinrichtungen, denn diese betrachtete er als Gefähr-dung der traditionellen Rollenverteilung und wollte damit letztendlich den Frauen den Weg zur Erwerbstätigkeit erschweren. [67]

Trotz der Abschaffung des Letztentscheidungsrechts des Mannes, ist in den Gesetzen nicht schwer erkenntlich, dass die Frau in gewissen Zügen immer noch überwiegend an den Haushalt und an die Familie gebunden war.[68] Dies erkennt man daran, dass es nun im § 1356 im BGB a.F. (alte Fassung) hieß: „Die Frau führt den Haushalt in eigener Verantwortung."[69] Dadurch versuchte man auf einer Seite die Rolle als „Nur-Hausfrau" anzuerkennen und auf der anderen Seite bedeutete dies, dass die Frau verpflichtet war, den Haushalt zu führen. Das führt wiederum dazu, dass der Weg zur Erwerbstätigkeit er-neut erschwert wurde. Denn laut § 1356 BGB a.F. wurde die außerhäusliche Erwerbstätigkeit der Ehefrau nur erlaubt, wenn die Pflichten des Haushalts und der Ehe vereinbar sind. Durch diese Einschränkung wurde der Ehemann erneut berechtigt zu entscheiden, ob die Frau einen Beruf ausüben darf oder nicht.[70]

Deshalb waren Fragen rund um die Beziehungen zwischen den Männern und Frauen und wie groß die Heiratsaussichten seien, zentrale Themen die in den westlichen Frauenmagazinen häufiger auftauchten.[71] Grundsätzlich hat man

---

[65] ebd., S. 109.
[66] Treber 2014, S.316.
[67] Langer, Ingrid: Familienpolitik – ein Kind der 50er Jahre, 1985, S.110.
[68] Delille/ Grohn 1985, S.139.
[69] ebd,, S.140.
[70] Delille/ Grohn 1985, S.140.
[71] Budde 1997, S.254.

den Fokus eher auf Partnerschaft und Ehe gelegt, als auf die Frau bei der Arbeit. Mit dem Unterzeichnen der Heiratsurkunde passte man sich einem Trend an, welcher aus den USA stammte.[72] Nach der Nachkriegszeit gab es eine große Anzahl an Frauen, die keinen Mann an ihrer Seite hatten und als dann noch in den fünfziger und sechziger Jahren die Ehe wieder zur Norm wurde, rückten die ledigen Frauen erneut ins schlechte Licht.[73]

Im Laufe der Jahre wurde aber der Status der „Nur-Hausfrau" positiv verstärkt, denn es hieß, dass sie für das Familienglück zuständig wäre.[74] Man geht auch hier auf die amerikanische „Meisterhausfrau" zurück, die in einem technisierten Haushalt ihre Aufgaben ausführte, Kinder erzog und trotzdem ihr schickes Äußeres aufrechterhielt.[75] Doch dies war wohl nur eine Traumvorstellung, denn die Verfügbarkeit der Küchengeräte war nicht flächendeckend. Die Preise der Haushaltsgeräte waren überteuert und die Mehrheit der Familien musste jahrelang sparen - beispielsweise kosteten Waschmaschinen bis zu 2000 DM.[76]

## 5 Zusammenfassender Vergleich

Es gibt tatsächlich Hinweise auf die Unterschiede und Ähnlichkeiten der beiden Staaten. Diese werden im Folgenden ausgeführt.

Eine Übereinstimmung der beiden Systeme war vor allem, das Ziel, die menschlichen Bedürfnisse zu befriedigen. Im Gegensatz zu der BRD wurden in der DDR wirtschaftliche Prozesse vom Staat festgelegt. Bezüglich der Regierung, gab es im Gegensatz zum SED-Staat eine pluralistische Struktur. Damit konnten Bürger der BRD politisch mitwirken, indem sie beispielsweise durch Verbände oder Gruppen ihre Interessen äußerten. In der DDR gab es keine Gewaltenteilung, sodass das Machtmonopol nur auf eine Partei festgelegt war.

Die verschiedenen Orientierungen und Gestaltungen in der Erwerbstätigkeit der jeweiligen deutschen Staaten waren Unterschiede die am meisten herausragten. Man bemerkte deutlich, dass sich der DDR-Staat anstrengte, die

---

[72] ebd., S.255.
[73] ebd., S.256.
[74] ebd., S.261.
[75] ebd., S.261.
[76] Gysi/ Meyer 1992, S.156.

Frau erfolgreich in die Berufswelt zu integrieren, während sich die westdeutschen Frauen von der Regierung und dem neugegründeten Familienministerium aus, an die alte Rollenverteilung anlehnen mussten und die Erwerbstätigkeitsmöglichkeiten eher gering waren. Dabei ist anzumerken, dass die Frau in der DDR aber auch, aufgrund der Ankurblung der wirtschaftlichen Prozesse als Arbeitskraft dringend benötigt wurde.

Von Gleichberechtigung kann man in beiden Staaten nicht wirklich sprechen. Entweder waren die Frauen, wie in der BRD für Haushaltsarbeit verantwortlich und mussten für die Gleichberechtigung hart kämpfen, oder sie bekamen, wie in der DDR, weniger Lohn als das männliche Geschlecht. Trotzdem kann man sagen, dass die Emanzipation der DDR-Frauen weiter fortgeschritten war als im Westen.

Es wurde in den Medien der BRD versucht das Bild der Frau in der Arbeit zu verbergen bzw. zu beschönigen. Andersherum bekamen die DDR-Frauen in den Medien weniger Aufmerksamkeit, doch wenn man sie in den Medien sah, dann waren Bilder der idealen Hausfrau zu sehen, Bilder der erwerbstätigen Mutter, der alles gelang. [77]

So wurden die DDR-Frauen indirekt in die Berufswelt geschickt, da das Image als „Nur-Hausfrau" nicht beliebt war. Im Gegensatz zu den Frauen der DDR, haben die BRD-Frauen an den Familienaufgaben festgehalten, weil die Regierung die alten Rollenbilder festschrieb. Die gesamtgesellschaftlichen Zwänge der BRD begünstigten wohl eher eine Angleichung an die traditionelle Rolle der Frau.[78]

Die Hausarbeit war sowohl für die ost-, als auch für die westdeutschen Frauen zugeteilt, dennoch beteiligte sich das männliche Geschlecht des Ostens deutlich mehr an den Erziehungs- und Betreuungsaufgaben, als die Männer im Westen.[79]

Über die Ähnlichkeiten der Amerikanisierung und der Sowjetisierung kann man sagen, dass sie mit den Folgen der Nachkriegszeit zu tun haben, weil die

---

[77] Budde 1997, S 258.
[78] Nickel 1992, S.254.
[79] Gysi/ Meyer 1992, S.160.

Frauen im „Überschuss" waren und teilweise typische Männerarbeiten verrichten mussten. Ein weiterer Aspekt wäre, dass die ost- und westdeutschen Frauen, so schnell wie möglich einen Mann finden wollten, um zu heiraten. Das Image der ledigen, unverheirateten oder verwitweten Frau war in beiden Staaten ziemlich miserabel, da man dadurch als unvollständige Person galt. Außerdem suchte man sowohl im Westen als auch im Osten nach den Vorbildern in der USA bzw. der Sowjetunion.

**6 Aktualität der Stellung der Frau im Bezug auf die Gegenwart**

Letztendlich kann man sagen, dass sich die beiden deutschen Staaten tatsächlich unterschiedlich entwickelt haben, obwohl sie die gleichen Wurzeln hatten. Das lag sowohl an den Idealvorstellungen der Staaten, aber auch an der Sichtweise der zwei unterschiedlichen Regierungssysteme.

Außerdem wurden die Frauen in den 1950er-Jahren nicht alle aus der Berufswelt verdrängt. In der DDR bekamen Frauen weniger Lohn, aber weggedrängt wurden sie keineswegs. Auf Seiten der BRD kann man eher von Bedrängnis sprechen, da man klare Vorstellungen hatte, für welche Hausarbeitsaufgaben die Frau zuständig war.

Doch welche Folgen und Auswirkungen hatte diese Vergangenheit auf die heutige Zeit für die Frau? Die Frage ist nicht leicht zu beantworten, doch eines steht fest: In der DDR gab es mehr berufstätige Frauen, da dies vom Staat gewollt und durch Einrichtungen zur Betreuung der Kinder unterstützt wurde. Derzeit ist die Betreuungsquote in den neuen Bundesländern immer noch höher als im Westen und daraus folgt, dass es im Osten mehr berufstätige Frauen gibt.[80]

Weiterhin findet man heute sogar mehr Führungspositionen, die von Frauen besetzt werden, als vor etwa 65 Jahren – Man hätte sich in der damaligen Bundesrepublik Deutschland bestimmt nicht vorstellen können, dass es in näherer Zukunft eine Frau sein wird, die Deutschland regieren würde.

---

[80] DIW Berlin, BFU: Durchschnittliche Frauenerwerbsquote* in West- und Ostdeutschland von 1990 bis 1994 und von 2005 bis 2009. http://de.statista.com/statistik/daten/studie/13541/umfrage/frauenerwerbsquote---entwicklung-der-erwerbstaetigkeit-von-frauen/.28.10.2015.

**Literaturverzeichnis:**

Bäuml-Stosiek, Dagmar/ Berg, Rudolf/ Eilert, Klaus/ Prof. Dr. Frevert, Ute/ Dr. Hinrich, Ernst/ Dr. Jäger, Wolfgang/ Rauh, Robert/ Weiß, Ulrike/ Winberger, Ursula: Forum Geschichte 11 – Bayern. Berlin 2009.

Behr, Wolfgang: Bundesrepublik Deutschland- Deutsche Demokratische Republik. Systemvergleich Politik - Wirtschaft - Gesellschaft. Stuttgart 1979.

Budde, Gunilla-Friederike: „Tüchtige Traktoristinnen" und „schicke Stenotypistinnen". Frauenbilder in den deutschen Nachkriegsgesellschaften – Tendenzen der „Sowjetisierung" und der „Amerikanisierung"?. In: Jarausch, Konrad; Siegrist, Hannes (Hrsg.): Amerikanisierung und Sowjetisierung in Deutschland 1945-1970. Frankfurt/Main, New York 1997, S. 243-273.

Cornelissen, Waltraud: Traditionelle Rollenmuster- Frauen-und Männerbilder in den westdeutschen Medien, In: Helwig, Gisela; Nickel, Hildegard Maria (Hrsg.): Frauen in Deutschland 1945-1992. Berlin 1992, S.53-69.

Delille, Angela/Grohn, Andrea: Blick zurück aufs Glück. Frauenleben und Familienpolitik in den 50er Jahren. Berlin 1985.

DIW Berlin, BFU: Durchschnittliche Frauenerwerbsquote* in West- und Ostdeutschland von 1990 bis 1994 und von 2005 bis 2009.  http://de.statista.com/statistik/daten/studie/13541/umfrage/frauenerwerbsquote---entwicklung-der-erwerbstaetigkeit-von-frauen/.28.10.2015.

Gysi, Jutta/Meyer, Dagmar: Leitbild; berufstätige Mutter – DDR-Frauen in Familie, Partnerschaft und Ehe, In: Helwig, Gisela; Nickel, Hildegard Maria (Hrsg.): Frauen in Deutschland 1945-1992. Berlin 1992, S.139-165.

Haus des Dokumentar- films Stuttgart: Frauen in der DDR. http://www.zeitklicks.de/ddr/zeitklicks/zeit/alltag/leben-in-der-ddr/frauen-in-der-ddr/.28.10.2015.

Langer, Ingrid: Familienpolitik – ein Kind der 50er Jahre. In: Delille, Angela; Grohn, Andrea (Hrsg.): Perlonzeit. Wie die Frauen ihr Wirtschaftswunder erlebten. Berlin 1985, S. 109-119.

Langer, Ingrid: In letzter Konsequenz... Uranbergwerk!. Die Gleichberechtigung in Grundgesetz und Bürgerlichem Gesetzbuch. In: Delille, Angela;

Grohn, Andrea (Hrsg.): Perlonzeit. Wie die Frauen ihr Wirtschaftswunder erlebten. Berlin 1985, S. 72-81.

Nickel, Hidegard Marie: „Mitgestaltinnen des Sozialismus"- Frauenarbeit in
der DDR,, In: Helwig, Gisela; Nickel, Hildegard Maria (Hrsg.): Frauen in
Deutschland 1945-1992. Berlin 1992,S.233-256.

Obertreis, Gesine: Familienpolitik in der DDR 1945-1980. Opladen 1986.

Treber, Leonie: Mythos Trümmerfrauen. Von der Trümmerbeseitigung in der
Kriegs- und Nachkriegszeit und der Entstehung eines deutschen Erinnerungsortes. Essen 2014.